저 불꽃처럼 살고 싶은 사람들은

천성래 시집

저
불꽃처럼 살고 싶은
사람들은

갑을패

■시인의 말

시는 마음의 풍요로움이다. 에너지가 넘치지 않으면 시가 되지 못한다. 세상을 바라보는 눈이 깊을 때 거기에는 삶의 애착이 담겨 있다. 누구나 자신의 삶이 행복하기를 바란다. 즐거운 인생이기를, 가치로운 인생이기를 바라는 것이다. 그래서 사랑하고 슬퍼하고 때로 미워하기도 한다. 인생은 사랑을 빼고서는 말 할 수 없다. 누군가를 사랑하지 않고서는 삶이 아니듯 슬퍼해 보지 못한 삶도 삶의 정도(正道)는 아니다. 사랑이 턱밑까지 차오를 때 만감이 교차하는 것은 자연스런 발로이다. 행복이나 슬픔에 관한 것, 사랑하고 이별하는 것들, 이상을 붙들기 위한 현실의 투쟁, 바라고 소원하며 기대하는 것들! 삶이란 다양한 것들의 조화를 통해 열리는 골목길과 같다. 그 골목길을 돌아나갈 때쯤 인생을 어느 정도 알게 된다. 그러나 나는 세상을 제대로 알지 못하면서 무르익지 않은 말들을 피워올렸다. 어떤 순간은 열정으로 어떤 순간은 치기로써 인생이란 것을 버무렸다. 익지 않은 열매를 설레는 마음이 앞서 깨뜨리고 말았으니 부끄럽기 짝이 없다. 덩달아 내가 살아가고 있는 인생의 노정 역시 부끄럽기 그지 없다. 이제 격정의 노도에서 제발 안주하기를 바란다면 나의 지난 삶에 반역을 하는 것인가? 새로움을 추구하지 않으면 안 될 창작의 길을 걷고 있는 나는 누구인가? 그러나 우리의 삶은 아무도 해답을 내놓을 수가 없다. 그래서 물이 흐르듯 하루를 흘러가는 것이다. 산이 기울어서 물이 흐른다면 우리가 걸어가는 세상 역시 크게 거스르지 않는 법이다. 저녁 노을이 붉어서 나뭇잎이 붉고 해저문 들판의 강물이 짓붉다는 것을 이미 알아버렸다면 인생은 설레임이 없을 것이다. 세상의 모든 이들이 미지(未知)의 강 가에서 행복한 세상의 주인이 되기를 바라면서 서문에 갈음한다.

2008년 12월 천성래

■ 차례

불꽃처럼 살고 싶다

불꽃은 아름다운 것
새까만 어둠 속에서
선연히 불꽃 타오른다

나는 그 불꽃 속에서
처절한 삶을 본다

제 몸을 태우고도
기뻐 춤추며 불꽃은
공중을 부유(浮遊)한다

죽음을 무릅쓰고
몸에 붙인 불씨가
끝내 제 몸을 다 사르고 만다

이렇게 될 줄 알면서도
타닥 타닥
마지막까지 절규하는 꽃불

어둠을 물고 사라져간 불꽃들은
마음속에서 다시 부활한다

불꽃처럼 살고 싶은 사람들은
먼저 뜨거움을
제 안에 지녀야 한다

제 몸이 뜨겁지 않고서는
불을 지필 수가 없다

한 번쯤
불꽃을 꿈꾼 적이 있는가?

생의 마지막처럼
처절하게 살아본 적이 있는가?

불꽃이
가슴을 태울 때

한 송이 화사한 꽃불로
다시 태어날 수가 있다
그렇게 사라져간 불꽃들은
모두 하늘로 올라가
식지 않는 영혼이 되었다

그 높다란 데서 아직도
세상으로
온기를 내려주고 있다

나는 불꽃처럼
이 찰나를 뜨겁게 살고 싶다

산자만홍(山紫萬紅)

사람들의 생김 모두 다르듯
우리 삶도 모두 다르다
우리 꿈꾸는 삶의 무늬 또한 한결같지 않다

청동빛 삶을 꿈꾸는 자들은
나무가 절로 푸르지 않음을 알아야 한다
줄기 따라 끊임없이 수액을 빨아올려
싱그런 잎사귀를 펼치어야 한다

단풍든 나무처럼 농익고 싶은 삶
잎이 절로 붉지 않음은 해지는 저녁놀이
다하면 알게 될 것이니

산 절로 붉고[山自紫]
잎 절로 붉으니[萬自紅]
물이 절로 흐른다[水自流]는 싯구가 생각난다

하지만 세상에 '절로' 라는 건 없다

흐르는 물이 붉음은
노을이 물에 잠긴 때문이요
물이 절로 흐르는 것은
산이 기운 까닭이다

제 색깔을 돋우기 위해선
혹독한 산고(産苦)를 치러야 한다
내가 빚고자 하는 무늬는
수를 놓듯 한 땀 한 땀
손수 치지 않으면 안 된다

신(神)이 우리에게
당신의 자유를 주었기 때문이다
우리는 그저 '누림' 으로써
홀로의 세계에 다다를 수 있다

사색(思索)

사색은 강물에 잠긴
투명한 노을을 건져 올리는 의식이다

강가에 앉아 흐르는 물 따라
마음의 굽이굽이를 씻어낸다

해는 저물고 있는데
하늘에 채색된 노을빛에 마음 빼앗겨
아직은 돌아갈 수가 없다

누군가 뒤에서 부르는 소리
뒤돌아보면 아무도 없어
자꾸만 저만치에서 서성이게 된다

강둑에 앉아
시간이 깊어갈수록
강물이 흘러서 흘러서
내 마음마저 떠내려가는가

어둠을 펄럭이고
새떼들이 날아오른다

나도 이제 가슴에
환한 등불을 밝혀야 할 시간이다

사색은 가슴에 밝힌
환한 등불로 나를 비추는 의식이다

비워야 충만이다

가득 찬 것은 의미가 없다 비워둔 공간이
사라지면 희망마저 사라져버린다

가장 무서운 것은
희망을 잃은 것이다

낙타가 끝없는 사막 위를 걷는 것은
가야 할 길이 가없이 펼쳐지기 때문이다

가득 찬 것은 울림이 없다
울림이 없으니 감동도 없다

징의 한쪽마저 닫아버렸다면
아무리 내리쳐도 무쇠 솥 소리밖에 나지 않을 것이다

북 장고 소리가 돋들린 것도
속을 비워두었기 때문이다

알맹이를 가득 채워 넣었다면
그 청아한 소리 들을 수 없을 것이요

인간의 이치도 이와 같다
부(富)의 곳간을 높게 세워 채우지 마라

가슴에 품은 희망조차 커지면
스스로 속내를 막아 숨 쉴 수가 없다

여유를 두고 살아야 한다
빈틈없이 채우고자 하면 그 일에 빠져 자존을 망각하게 된다

공간의 여유는 삶이 팍팍하고 메말라 갈 때
피워올릴 수 있는 새싹의 집이다

단 하루를 살아도
여유를 놓지 말고 살아야 한다

나의 탑(塔)

내 탑을 세워줄 사람은
오직 자신뿐이다
탑신의 사이사이 무너지지 않게
벽돌을 괴고 한 층 한 층 쌓아올려야 한다
어느 한 순간 어느 한 지점에서
한 눈을 팔 때 탑은 무너진다
잘 쌓아올린 탑이 찰나의 실수로 무너질 때
공든 노력이 한낱 물거품이 되고 만다
탑은 첫 돌을 땅속에 박는 순간부터
탑신의 꼭대기가 놓이는 마지막 순간까지
한 치의 오차도 용납하지 않는다
처음엔 표 나지 않게 기우는 것도
모르는 사이 흐르다보면
허물어지는 때를 맞이하는 법
인생의 탑이라는 것도 돌탑과 같다
지금 내가 살아내는 과정이 바로
탑을 쌓아가는 과정이다
누구나 마음속에

인생의 탑을 청사진처럼
간직하고 있을 것이다
탑을 제대로 쌓으려는 우리 노력이
어떠해야 하는지는 굳이 말하지 않더라도
한 생의 탑을 쌓는 장인의 사념으로
무장할 필요가 있다
그 탑의 꼭대기에 새긴 세상 이름 몇 자가
날아가는 새들에게 부끄럽지 않아야 한다

사슴이 슬픈 것은

사슴이 슬픈 것은
사슴의 목이 길어서가 아니다
해거름 저녁놀이
너무 아름답기 때문이다

너무도 사랑하므로 슬픈 여인이 있듯
너무도 아름다워서 슬픈 사슴 또한
있는 것이다

슬프단 느낌은
기다란 목을 늘여서가 아니라
타드는 눈빛이 먼 데를 응시할 때
가늘게 스미어 나오는 것

인간은 누구나
가슴속에 사슴 한 마리쯤 품고 산다
어스름 노을 뒤켠에
나는 오늘 사슴 한 마리 풀어 놓는다

마음껏 슬퍼하고
실컷 울어도 좋은 날을 만날 수 있어야 한다
슬프다는 것은 다만 제 목이
길어서가 아니다

저녁놀이 제 눈을
태우기 때문에
눈물 더불어 오는 것이다

사찰탐방(寺刹探訪)

나는
잠을
이룰 수가 없다

달빛이
눈에
시려서

섬돌 위 흰 고무신을
달빛이
넘쳐 넘쳐서

절집 승려의
방문을
환하게 비추고 있다

내가
잠 못 이룸은

다만 달빛 때문이 아니다

달빛에 새겨진
내 그림자가
너무 슬픈 까닭이다

영혼의 의자

삶이 힘들다고
말하지 말라

평생 등짐을 지고
땀을 흘려야 하는 노새는

한 숨의
휴식에서 보람을 찾는다

지겨운 삶이라고
탓하지도 말라

네 발로 선 채로
코끼리는 잠드는 것이다

인간의 수치란
불평이다

혀끝에서 빚어지는 말은
결코 꽃을 피워 올릴 수가 없다

힘듦이 없이 어찌
하루를 내딛을 수가 있으며

그 지리한 살이의 어깨 너머로
새날이 다가오는 것이다

인간의 긍지(矜持)는
자존(自尊)이다

영혼의 의자에 당당히 앉아
꽃이 피는 순간을 기다려야 한다

지금 이 시간에

세상은 가만 보면 현재만이 살아 있다
지나가버린 것은 이미 세상에 없으며
내일은 현재에 스며들고 마는 것
엄밀히 말해 인간에겐 현재만이 존재한다

현재에 충실하라
너의 열정을 현재에다 바쳐야 한다
오늘 가면 내일 있다고 말하지 말라
그때가 되면 또다시 펼쳐지는 것은 거침없는 현실뿐

오늘 하루 쓸 수 있는 에너지를
모두 쓸 수 있어야 한다
하루를 백 년처럼 살면서 공중에 부유하며 마침내
최후를 맞는 하루살이처럼 치열하게 살아라

지금 저 불꽃 속에
뛰어들어야 한다면 그리 해야 한다
불나방은 기꺼이 운명을 받아들여

몸을 태우며 춤추면서 죽어간다

훗날을 도모하는 것은
비겁한 태도이다
철저히 현재에 모든 것 바쳐야 한다

치열하게 현재를 삶으로써
철저하게 현재를 죽여야 한다
마지막 내지를 수 있는 한 호흡의 순간마저
법열(法悅)의 춤을 출 수 있어야 한다

지금 이 시간 지금 이 자리
지금 이 사람 지금 이 일과 지금 이 곳
내게 위대한 순간은
바로 '이' 것 뿐이다

공(空)과 무(無)

공(空)과 무(無)는
같은 뿌리를 지니고 있다

공(空)은 텅 비어 있음
그 안에 무엇인가 채울 수 있는
기대만이 가득할 뿐이다

무(無)는 아무 것도 없음
채울 수 있는 것조차 없다는 신념
온전하게 버리는 의식만 남아 있다

공(空)과 무(無)는 다른 듯하면서도
만져지는 실체가 없다는 데서
그 의미가 같다

다만 공(空)은 여백이 있다는 것
다른 무엇인가를 포용할 수 있는
그 여백이 있다는 것

깨달음이 일천한 이 사람의 눈에는
그래도 공(空)의 여백이 주는 너그러움에
온전히 버리고자 하는 무(無)의 세계보다
애착이 간다

공(空)은 철학적이요
무(無)는 허무적이다
단순히 이런 측면에서 바라보면
공(空)이 무(無)를 압도한다

맑고 투명한 삶

산이 좋은 까닭은
높은 데를 향해 올라가는 의미에서가 아니라
오를수록 깨달음의 눈이 크게 열리기 때문이다
높이 오를수록 우리는 드넓은 세상을
한눈에 담을 수가 있다
시야가 넓어진 것은 다만 높은 데 올랐음이 아니라
가슴이 열렸다는 것을 의미한다
처음에 무거운 짐 등에 지고 떠나지만
정상에 오르는 순간 깃털처럼
가벼워지는 것을 느끼게 된다
맑은 기운을 호흡하는 일이
우리에겐 무엇보다 중요하다
한 순간 한 순간 뻗어 올라오는 욕망의 싹을
투명한 칼날로 단번에 잘라버려야 한다

산에 오를 때는 언제나
내려갈 때를 생각해야 한다
정상에 닿는 순간

내려가야 할 운명은 누구에게나 주어져 있다
인생도 마찬가지다
오르막길이 있으면 반드시 내리막길도 있다
오르는 숨가쁨보다 내려가는 안도감에는
더욱 위험에 빠질 수가 있다
그때는 넘어지는 일이 곧 죽는 일이나 같다
눈을 크게 뜨고 어깨를 활짝 펴라
몸의 중심을 놓치면 안 된다
발을 내딛을 때는 천천히 그리고 신중히 하라
서두름은 금물(禁物)이다
가파른 인생길의 내리막을
겸허히 받아들이고 끝까지 걸어라
그래야 다시 새로운 희망을 디딜 수가 있다

침묵을 모르고서

침묵은 자체로서 수행이다
말을 하다보면 허언(虛言)이 따르게 마련이며
말이란 그물을 빠져나가는 바람과 같아서
쉽게 걸러지고 만다
말의 허리에 고삐를 매달아 붙들어 둘 수는 없지만
말을 함에 신중해야 한다

침묵은 겉으로 드러나지 않지만
안으로 환한 꽃을 피우는 일이다
입을 열지 않는다고
사념(思念)의 감옥에 갇힌 것은 아니다
침묵이 깊어질수록
깨달음의 문이 활짝 열리게 된다

돌[石]들을 보면 알 수 있다
전 생애를 두고 침묵 속에 살지만
깜깜한 어둠 속에서도
번득번득 내면의 눈을 뜨고 있다

사람도 내면의 눈을 뜰 수 있어야 한다
입으로는 수 천 마디 말들을 무성히 쏟아내지만
결코 깨달음의 말은 되지 못 한다
깨달음의 세계에 도달하는 길은
결코 많은 말이 소용되지 않는다

침묵을 모르고서
깨달음에 이를 수는
없는 일이다

부끄러운 때

나는 게으름을 보일 때가
가장 부끄럽다

당장 할 수 있는 일이나
마음만 먹으면 할 수 있는 일인데도

차일피일
미루는 때가 있다

일이란 모두 때가 있는 법이다
꽃도 제 철을 따라 피고

열매도 제 철을 지나면
소용되지 못 한다

개구리를 냄비에 넣고 산 채로 서서히 가열하면
개구리는 여유있게 헤엄을 친다

그러나 어느 순간
온도의 변화를 깨닫지 못하고 죽고 만다

개구리의 점프 실력은 1.5미터
개구리가 점프를 시도했다면

결코 끓는 냄비에서 파닥거리며
죽지는 않았을 것이다

사람의 일도 이와 같다
거드름 피우지 않고 능력을 다해

실행에 옮길 때
궁지에서 헤어날 수 있다

게으름처럼
부끄러운 일은 없다

사는 일에 감동이 없다면

사는 일에 감동이 없다면
하루의 삶이 무료할 수밖에 없다
낙타가 죽어가는 사막의 모래언덕에서도
야자나무의 열매는 익어가는 것이다

바람이 나무를 흔드는 것은
무료한 일상에 대한 저항의 몸짓이다
일상의 그물을 모조리 빠져나가버리면
바람은 제 존재를 잃고 만다

삶에 울림이 없다면
새들은 바다를 건너지 못하고
모두 빠져죽을 것이다

마지막 날갯짓을 펴는 순간
수면 위로
삶의 울림이 피어오른다

하루를 사는 일이
내일을 위한 준비가 되어야 한다
어제와 오늘과 내일이
하나의 줄로 연결되면서 미묘한 변화를 꿈꿀 때
거기에 울림이 생기는 것이다

삶은 변화를 통해
파장을 만들어 내고
파장은 울림을 만들어 낸다

이것이야말로
삶의 진정한 활력소가
되는 것이다

말[言]

말은 그 사람의 내면을
밖으로 드러내는 일이다

얼굴을 마주하고 얘기하다 보면
비록 짧은 시간임에도
상대의 내면을 들여다보게 된다

말은 창(窓)이다
교묘한 말로 상대를 속이려 들 때
창에 어두운 빛이 어리게 된다

그러나 겸손이 커서
비록 내면을 숨기고 싶을 때에도
공손한 말은 진실을 드러내고야 만다

말[言]은
그 주인의 인격을
상대에게 보여주는 일이다

그러므로 말은
아낄수록 빛난다

말이 속에서 영글 때는
사색의 창 하나 만들어지는 것이다

개성(個性)

개성은 나만이 지니고 있는 것
자기다움이다

인생의 지루함 속에서
자기를 발견하는 일

자기의 개성을 무엇이라 말할 수 있음은
수행으로 말하면 깨달음을 얻는 일과 같다

'나' 라는 존재에 대해
일상적으로 대답할 수 있는 의식

그게 바로
개성을 발견하는 일이다

개성은 추구할 때
의미가 주어진다

자신의 색깔을
한껏 드러내야 한다

무르익어 내 자신을 절로
주체하지 못할 때

우리는 깨달음의 세계에
도달한 것이다

인생의 기쁨이
꽃처럼 피어나는 순간이다

바람에게 배운다

나는 바람을 흠모한다
자기 존재를 지니지 않고도
보여줄 수 있는 강력한 힘

바람은 실체가 없으므로
목놓아 공중에서 부르짖고 있다
바람이 허공을 가르는 것이
우연 때문은 아닌 것이다

이 커다란 몸뚱이를 가지고도
내 실체를 모르는 이 어리석음
한낮에 작아지는 내 몸뚱이의 그림자가
나를 비웃고 있는 것만 같다

우리는 자신의 존재를 알기 위해
어찌 하고 있는가?
큰 몸집을 하고서도
실체를 모른다면 우리는

더 이상 바람 앞에 나설 수가 없다

바람 불면 돌아눕는 삶이
부끄러울 수밖에 없다

추수하는 계절

가을은 농부가 볏단을 쌓는 계절이다
풍요로운 마음처럼 높이 쌓이는 볏단
흘린 땀만큼 쌓여가는 볏단이
늘어가는 계절이다

땀을 흘린 뒤에는
누구나 거두어 들인다
들판을 지킨 허수아비의 어깨에도
새들이 날아오는 계절

저마다 일의 대가로
받게 되는 달란트가 있다
어떤 이는 넉넉하게 받고
어떤 이는 못 미치게 받는다

내 몫의 축복에 인색할 필요는 없다
주어진 달란트가 적다고
불평을 늘어놓는 순간

땀의 진실한 의미는 퇴색하고 만다

누구에게나 몫은 있다
흘린 땀의 몫도 있고 받게 될 축복의 몫도 있다
하루의 일과에 만족하고 한 계절의
수고에 만족할 때 그 몫은 빛나는 것이다

텅 빈 들판을 보면
갑자기 충만한 느낌을 받는다
일렁이던 황금빛 알곡들이 알알이 부서져
가슴속으로 일제히 들어와 버렸기 때문이다

눈앞에서 사라졌다고
완전히 달아나버린 것이 아님을
깨달아야 한다

내 영혼의 어딘가에 남아
한 순간 충만함으로 일렁일 수

있음을 알아야 한다

추수하는 계절
들판에 서면
지닌 것도 없고 버릴 것도 없는
허수아비가
다만 그리울 뿐이다

우리가
마지막으로 터득하는 것은
모두 비웠을 때
마주하게 되는
영혼의 충만함이다

화술의 방식

위대한 화술가는
말을 잘하기보다
상대의 말을 잘 듣는 사람이다

궤변론자는
오직 자기세계에 갇혀
타인을 배려할 줄 모르지만
화술가는 남을 배려하면서
말을 한다

절제된 말은 비록
거침없이 내뱉는 듯하지만
말속에 신중함이 묻어 있다

속에서 거르고 거르는 과정을
수없이 되풀이한 다음
입술을 여는 순간 줄기차게 뿜어져 나온다

상대를 설득하기 위해
자신의 입만을 사용하는 것은 어리석은 짓이다
겸손하게 듣고
표정으로 호의를 보여줄 수도 있어야 한다

맑은 눈동자로 간간이
상대의 눈을 응시해야 한다
말을 할 때도 파장의 높낮이를
조절할 수 있어야 한다

말의 소리가 낮다고
전달되는 힘마저 낮은 것이 아니다
폭포 같은 고함도 진실을 잃으면
한낱 거품에 지나지 않는 것

위대한 말은
걸러짐의 반복을 통해 완성된다
그 안에 진실이 담기고

삶의 의미가 닮길 때
위대한 말이 되는 것이다

상대의 말을
진지하게 듣고
한껏 절제한 뒤에
꺼내는 말은
그 어떤 사람도
감동시킬 수가 있다

이것이 진정한 화술의 방식이다

다 비우고 나면

무소유란 아무 것도
갖지 않음이 아니다
내 소용 이상을
바라지 않는 것을 이름이다

나머지 없는 의식주
이것은 무소유의 본보기에 족하다
단순하고 간결한 삶이
무소유의 알맹이다

무소유는 정당한 방법의 소유를 아우른다
평생 땀 흘려 일한 가장(家長)의 주름진 이마가
흉해보이지 않는 까닭이다

내 노력의 한계를 벗어날 때
무소유의 경계 또한 벗어날 수밖에
땀에 젖지 않고 일군 어떠한 첨탑도
축복과 우러름의 표상일 수 없다
평생을 베풀며

무소유를 향해 나아간다
허나 때로 내가 가진 것이
너무 많다는 생각이 들 때가 있다

하나씩 비우는 삶을 살아야 한다
세상을 사는 일이 자꾸만 축적하는 일에 매이다보면
그 무게에 눌려
숨 쉴 수조차 없게 되느니

버릴 때는 철저히 버려야 한다
싹의 밑동을 바투 잘라버려야
미련의 가지가 되살아나지 않는다

다 비우고 나면 문득
내면의 소리마저 모두 달아나는 것을 알 수 있다
이것이 참된 무소유이다

자연에서 배우듯이

인생은 참는 것이 관건이다
어떤 사람도 참을 수만 있다면
삶의 성공을 열어갈 수 있다
나무는 한 자리에서 평생을 살면서
땅밑으로 단단히 뿌리를 내린다
토양이 거칠다고 불평하지 않으며
뻗어가는 길에 장애물이 있어도
반드시 제 길을 찾아 나아간다
꽃을 보면 참는 것이
수행임을 또한 알게 된다
탐스런 꽃을 피울 수 있는
능력을 지녔지만 서두르지 않는다
좀 더 깊이 뿌리를 내리고
좀 더 높이 잎을 피워 올리고서야
꽃이 버는 것이다
꽃을 피우기 위해
모진 비바람을 견디는 것
고난의 세월을 견뎌내야

무릎 위에 꽃을 피워 올릴 수가 있다
참을 수 있다는 것은
진지함의 세계에 들어간다는 것
인간의 삶이 여기 머물 때
고독은 잠시 뿐
결실의 기쁨으로 채워지는 것이다

저 큰 소나무

지난 가을 나는
숲길을 거닐었다
햇볕이 가냘프게 산란하는 오후

나무들이 울었다
나는 처음에 바람이 윙윙 우는 것인 줄
알았다

그러나 나뭇가지들이
쩍, 쩍, 금을 가르며 쓰러지는 순간
바람이 아니라는 것을 알았다

한 떼의 새들이 나무 사이로 날아 오른다
나무는 지독하게 외로운 것
한 발짝도 벗에게 다가설 수가 없다

그대로 뿌리를 박고
평생을 지내야 하는 운명

낙낙장송이나 되지 않았더라면
덜 슬펐을 것이다

척박한 그 자리에서
고독한 뿌리를 내리더니
이제 솔향마저 뿜어 올려
천지가 고향언덕이 되었구나

저 큰 소나무의
고독이 가을볕을 타게 한다

보이지 않는 것을 사랑하라

사람들은 당장 눈앞에
보이는 것들만을 사랑한다
그러다 보니 사람을 평가하는 일도
당장 보이는 것을 그 기준으로 삼는다
이 사람은 돈을 얼마나 가지고 있으며
어떤 집을 소유하고 있는가?
어떤 차를 타며 어떤 회사에 다니는가?

다가서면 사라지는
신기루처럼
눈앞에 보이는 것은 덧없기 이를 데 없다
눈에 보이는 것은
언젠가 사라지게 마련이다
돈과 집도 내 손에서 멀어지면
허무하기 이를 데가 없는 것이다

그러니 보이지 않는 것을
사랑할 수 있어야 한다

보이지 않는 것은 본시 실체가 없기 때문에
사라지는 법이 없다
이상이란 소유한 물질이 달아나도
내면에서 꽃을 피워 올린다

보이는 것 너머에
감추어진 알 수 없는 마력
보이지 않는 세계가 지니는
영원한 생명력을
사랑할 수 있어야 한다

변화하는 시대에

우리가 살고 있는 시대는
변화하고 있다
하루 해가 저물 때
어제의 산그늘이 저만치 짧아지면
오늘도 그만큼 변한 것이다

가까운 사람들이
하나 둘씩 곁을 떠나고
보도블록 위를 포르르 굴러 떨어지는
플라타너스의 넓은 잎사귀들
주변의 상황이 달라지는 현실을 피할 수가 없다

과거의 훈장에 머물러서는 안 된다
모든 것은 변하고 있는데
자신만이 과거에 안주하는 것은
물결을 거스르는 것이다

변화의 물결에 합류해야 한다

높은 푯대 세워두고
그 푯대를 향해
용기 있게 걸어갈 수 있어야 한다

저녁 해가 유난히 짧아진 겨울날
처마에 깃든 텃새들의 모습마저
오늘은 보이지 않는다
하루가 다르게 변하는 시대를
우리는 살아가고 있는 것이다

인격의 완성

인격이란 말[言]로 완성할 수가 없다
말은 비록 거침없으나
철저하게 거르지 않으면 빈틈 투성이다

심산(深山)의 참선을 통해
자존에 대한 깨달음을 얻을지라도
인격의 완성은 아니다

물론 인격이란 자기를 터득하는
과정으로부터 시작된다
나는 누구이며 나는 무엇이고 지금 어디에 있는가?

인격이란
이러한 물음에
대답하는 과정이다

그러나 진정한 인격이란
말이나 참선보다 체험을 통해서 완성된다

나를 알려면 사람들 속으로 들어가서
내가 만나는 이들의 표정을 통해서 알 수가 있다

내가 무엇인지 알고 싶거든
걸어온 날들을 되돌아볼 수 있어야 한다
나의 발자취는 내가 무엇인지 말해 주는
선명한 백서(白書)이다

내가 지금 어디에 있는지 알지 못할 때
나의 위치를 환하게 비출 수 있는
양식의 이정표를 중심에 새겨두어야 한다

인격이란 투철한
체험을 통해
이루어지고 완성되는 것이다

채우고 나면 비워내라

무엇인가 채운다는 것은 좋은 일이다
텅 빈 마음의 한켠에 노란 은행잎 하나
새겨 넣을 때 누구나 충만한 것이다

그러나 채우는 데에만 치우치면
어느 순간 균형이 깨지고 만다
저울이 기울면 결국 양쪽 접시 모두
쏟아지게 마련이다

채우는 만큼 비울 수도 있어야 한다
꿀단지의 꿀은 비워낸 만큼
신선한 꿀로 다시 채울 수가 있다

채우는 일보다 비워내는 일도 중요한 법이다
무심결에 살찐 자가 그 살을 덜어내기 위해
얼마나 많은 시간과 비용을 들여야 하는지
우리는 너무도 잘 알고 있다

지식도 마찬가지다
새로운 지식이나 정보 등으로 자꾸
머릿속을 채우면 어느 순간 뇌사에 빠진다
자칫하다가는 중요한 지식과 정보마저 어지럽게 얽혀서
가닥을 잃어버릴 수도 있는 것이다

비워낸 만큼 신선하고
덜어낸 만큼 새롭다
모든 일상(日常)도 마찬가지다

슬픔이 차곡차곡 쌓인다면
어떻게 살 수 있겠는가
기쁨이 차곡차곡 쌓인다면
어떻게 날마다 허파에 바람을 불어넣으며
살 수 있겠는가

비우고 버리는 일에
소홀하지 말아야 한다

가진 다음 버리는 일은
전생애를 두고 추구해야 할
우리들의 몫이다

인간이 동물 가운데
가장 욕심이 많다는 사실은
나를 때로 부끄럽게 만든다

단상(斷想)

바람개비는
가벼운 바람에도
팔랑거리더라
뿌리가 얕기 때문이다

바람이 거세질수록
거침없이 돌지만
위태롭기 짝이 없다

사람도 뿌리를
깊이 내려야 한다
마음의 양식을 자양분 삼아
심지를 깊게 내릴 수 있어야 한다

뿌리가 깊지 못하면
비록 잎이 무성할지라도
결코 열매는 맺지 못하는 것이다

갈대가 사는 법을 알면

깊은 산속 갈대는
바람을 무서워한다
처음 바람이 불어올 때는
지지 않으려고 바람에 맞선다
그러나 끈질긴 저항에도
갈대의 허리는 꺾이고 만다

다시 바람이 불어올 때
갈대는 더 이상 저항하지 않는다
순순히 바람의 세력을 받아들인다
바람이 거셀수록 갈대는
한껏 허리를 뒤로 젖힌다
바람이 밀치는 대로

바람도 지치고 잠들 때
갈대의 무리들은
모두 제자리로 돌아온다
더욱 단단한 의식의 날을
새파랗게 돋우고 전열을 가다듬는다

갈대는 잠드는 법이 없다
예고 없이 닥쳐드는 바람의 존재가
갈대를 깨어있게 한다

올 여름 그 질풍에
산발을 하고서도
마침내 하얗게 꽃 피우고
기뻐 춤추고 있다
그 산의 정상에서 지금

인간의 삶도 갈대와 같은 것
순응하는 법을 배우면
절로 지혜가 열린다
어떤 고난에도 자기만의 꽃을
피울 수가 있다

나의 길

나는 바람에 나무들이
위태롭게 흔들릴 때
그 나뭇가지를 붙들어주는
지지대가 되고 싶다

바람이 잠자면 더욱
견고하게 뿌리를 박는 나무들
사막의 끝에서 세력을 키운 바람이
세상을 흔들 때
나무는 땅속에 숨어서
세력을 키우지 않으면 안 된다

내가 누군가의
버팀목이 될 수 있다면 좋겠다
세상의 바람을 막아 똑바로 설 수 있도록
누군가 붙들어 주고 싶다

축축이 젖은 나뭇잎새에

햇볕을 쏘여주고 싶다
나는 햇볕이 되어 그 따스함으로
세상을 쪼여주고 싶은 것이다

바람은 결코 햇볕을 무너뜨릴 수 없다
사막의 회오리에도 햇볕은 동요하지 않는 법이다
그 햇볕의 생명력으로
이 땅의 젖은 가슴들을 말려주고 싶다

이것이 진정
나의 길이다

거미와 물방울

거미는 자신의 집에 내려앉은
물방울이 너무 예뻤다
날이 갈수록 물방울이 사랑스러워졌다
어느 날 거미는 말했다
물방울, 너를 한 번만 안고 싶어
하지만 물방울은 그것이 부질없는 짓임을
이미 잘 알고 있었다
거미는 더욱 간절한 마음으로 딱 한 번만
안고 싶다고 말했다
물방울이 물었다
내가 사라져버릴 수 있는데도 말이니?
거미는 당장 안고 싶었으므로
물방울의 경고 따위가 귀에 들어오지 않았다
물방울은 하는 수 없어 껴안는 것을 허락했다
거미가 마침내 손을 뻗어
물방울을 안았다
그 순간 물방울은
흔적도 없이 사라져버렸다

보는 것만으로도 그 가치를 누릴 수 있을 때
관계는 지속된다
절제를 통해 궁극의 가치에
이를 수 있는 것이다

마음으로 소유하라

넓은 정원과 연못이 딸린 저택을 소유하고도
그로 인해 불행하다면 슬픈 일이다
우리는 대개 소유를 통해 근심거리가 생기게 된다

그러나 그 저택의 가정부가
날마다 연못의 물고기와 나뭇가지 위의 새들과
더불어 노래하고 있다면
그이야말로 마음으로 저택을 소유한 사람이다

소유의 품목이 늘어날 때마다
그것을 지키기 위한 노력도 그만큼 늘어날 것이다
그러나 인간의 능력에는 한계가 있다
신이 부여한 특별한 재능이나 특별한 달란트는
오직 그에게만 주어진 것이 아니다
혼자서 모든 것을 누리도록 하지 않았다는 사실을
깨달아야 한다

적고 작게 가지는 것을

생활화해야 한다
적게 갖되 마음으로 소유하는
부자가 되도록 노력해야 한다

작은 것이 결코 무능하거나
초라한 것이 아니다
보석일수록 작고 명품일수록 작은 것이
많다는 사실을 우리는 알고 있다

자신의 땅위에서 속 터져 하는 사람과
그 땅위에서 자연과 더불어 행복해 하는 객(客)사이에
누가 더 세상을 잘 살고 있는지
분간하지 못할 사람은 없을 것이다

인간의 고민은
죽어서 한 평 미만의 땅을 차지하는 것이 고작이지만
그 수천 곱을 소유하고자 하는 과욕에서 비롯된다

마음으로 소유할 수만 있다면
참으로 인생을
풍요롭게 살고 있는 것이다
정신의 공간(空間)

하루를 살아도
마음의 여유를 가지고 살아야 한다
세상이 아무리 숨가쁘게 돌아간다 해도
차 한 잔의 여백은 있어야 하는 것

어지럽고 복잡한 것들로
채우지 말아야 한다
현실이 팍팍하다고
변명하지 말라

세상의 것들로 빽빽한
마음의 한켠에
순백의 공간을 만들면

저절로 차 한 잔의 여백은 생기게 마련인 것
정신의 공간에서
삶은 햇살처럼 반짝거린다
순백의 공간을 가로질러
새들이 날아 오른다

마음의 여유를
가지고 살아 가라
그러면 당신의 가슴에서 생명의 에너지가
공처럼 높이 튀어 오를 것이다

이별(離別)

이별이란
인연의 끝이라고 생각하지 말라

잡은 손이 풀릴 때
눈물부터 쏟아내지 말아야 한다

돌아서는 등 뒤에서
처연하게 지난날을 떠올릴 때

아무도 모르는 나만의 충만함으로
넘쳐날 수 있어야 한다

그대 오직 잘 가시라는 말씀
떨어진 꽃잎 위를 걸어서 저만치

그 곱던 자취보다 지난 시절의 기억 하나가
불쑥 산이 되어 돌아올 때

아, 사랑했노라
꽃잎 밟고 가시는 걸음 행복하시라

이별이란 등을 떠밀고서야
그대의 존재를 완전히 받아들이는 의식이다

이별이란 그대와의 관계가
새롭게 부활하는 순간이다

이별이란 인연의 끝이 아니라
인연의 질긴 끈이다

눈물은 성급한 것
그 눈물 속에서 찬란한 꽃이 필 수 있어야 한다

월야단상(月夜斷想)

달빛이 고요히 뜰앞에 내려앉을 때
나도 달빛처럼 뜰앞에
내려앉고 싶어진다
고요 속에서 가만히 눈뜨는 삶들이
눈앞으로 내려온다
이렇게 많은 생명들이 달빛으로
나를 초대한 것은 이번이 처음이다

새벽이 가장 먼저 내 정신을 깨우고
빗장을 열어준 것은
그대를 향한 목마름 때문이었다
달빛으로 향수를 뿌리고
나는 그대의 창문을 두드리련다
그대의 입술 보기도 전에
어디서 피어난 향기가
내 몸을 전율하게 하는가

달빛을 몸에 두르고

나는 뜰앞에 섰다
달빛이 가슴을 열고 하얗게 들어온다
오늘 나는 그 눈부심으로
눈멀어버릴지도 모른다
완전히 앞을 보지 못한다 할지라도
걱정할 일은 없다

눈보다 가슴으로 보면
더욱 멀리 볼 수 있는 것
오, 달빛이 추파를 던지며
가만히 흘러간다

태양처럼 타오르다

인생이란 하늘에 걸린 태양이다
뜨겁게 뜨겁게 세상을 달구다가
한 순간 저 너머로 사라지는 것들
저마다 무수한 태양처럼 타올라
저 세계를 향해서 작렬하고 있다

뜨거운 것은 누구나
태양을 품었기 때문이다
얼어붙은 세월이 땅에 박혔다 해도
녹일 수 있는 것은 언제나
뜨거운 인생들
오늘도 태양은 찬란히 떠오른다

우리는 거대한 하늘을 가졌음을
부인하지 못한다
슬픈 것은 다만 태양이 기울고
마음마저 기우는 것이다
태양을 향해 비상(飛翔)하던

그 모든 새들은 지금 어디에 있는가

인생이란 거대하고도 뜨거운 열정이다
태양을 가슴에 품은 자들의 몫이
하늘에 걸린 것이 바로 태양이다
태양이 기우는 것은 다만
열기가 식은 것이 아니다
가만 보면 그 순간이야말로 진정
보이지 않는 곳에서
찬란히 타오르고 있는 것이다

화해(和解)

화해란 서로의 마음을
반쯤 접어서 거두는 일이다
내 마음을 온전히 내세우고자 하면
화해란 성립하지 않는다

상대의 입장이
중심에 들어오지 못하면 또한
화해는 이루어지지 못한다
어떤 경우이든 역지사지(易地思之)가 필요하다

상대를 이해한다고
물러나기만 하는 것은
진정한 화해가 아니다
이해하고 한걸음 물러난 다음
다시 손을 맞잡아야 화해는 완성된다

화해란 애시당초 얽힌 감정이
전제된다

그 얽힌 감정을 풀지 못하면
말로는 비록 화해했다고 하나
또다른 저항을 마음속에 자라나게 한다

화해는 얽힌 감정의 가닥들을 모두 풀고
서로 협력하여 전진할 때
그 가치가 있다
상대의 진면목을 발견하게 될 뿐만 아니라
자신의 잠재된 역량도 발견할 수가 있다

화해를 통해
협력하고 협력으로 관계를 도모할 때
새로운 세계가 열린다

마음의 병(病)

육체는 병이 들면
당장에 고통이 따르게 마련이다

병을 치료하기 위해
우리는 기다릴 여유가 없다

그러나 마음의 병은
몸의 고통을 동반하지 않는다

따라서 그 병을 쉽게
인식하지 못한다

사람들은 마음의 병보다
육체의 병을 심각하게 받아들인다

마음이란 쉽게 병의 상태를
느끼지 못하기 때문이다

그러나 마음의 병이 깊어지면
아무리 건강한 육체라도

에너지를 잃게 된다
삶의 의욕이 떨어지면

무너지는 것은 한 순간이다
육체의 병은

아픈 부위만 문제가 있다
그러나 마음의 병은

정신을 완전히 지배하고도 모자라서
육체를 갉아먹기 시작한다

육체도 중요하고 마음도 중요하다
그러나 진실로 건강한 삶은 마음의 건강에 있다

잘생긴 정신병자보다 비록 부족한 몸이라도
정신이 바로선 사람과 살아가는 편이 낫다

세상의 무엇이 되어

작년에 풍성한 열매를 맺은 과실나무도
주인의 손길이 닿지 않으면
열매를 맺을 수가 없다
땀과 정성이 깃들지 않는 나무는
볼품없을 뿐만 아니라
열매를 맺어도 초라한 열매만 맺힐 뿐이다
아무리 기름지고 튼튼한 나무라도
손길이 멀어지면
머지 않아
잡목으로 변하고 만다
사람도 마찬가지다
자신을 가꾸는 일에 소홀해서는 안 된다
날마다 자신의 존재를
들여다볼 수 있어야 한다
정도(正道)에서 벗어나는데도
한눈팔고 있다면 넘어지는 것은 순식간이다
과실나무에 거름을 주듯
자양분을 주어야 한다

자신의 존재를 확인하고 정신을 맑히며
사고(思考)의 폭을 넓혀야 한다
한 순간 한 순간
빠져나오는 망상(妄想)의 가지를
가차없이 잘라내야 한다
시시때때로 걸어온 자취를
살펴야 한다
내딛는 걸음 위에
그늘이 지면 화사한 꽃을 피우기 어려운 법
온 몸에서 절로 향기가 퍼져 나올 때
나의 존재는 드러나는 것이다
세상의 무엇이 되는 일을
결코 두려워하지 말라

파랑새가 오지 않는다고

세상의 중심은 바로 자신이다
'내' 가 존재함으로써 '세상' 이 존재한다
세상이란 것은
개개의 '나' 를 위해 준비된 무대와 같다
그 무대에서 연기를 펼칠 수 있는 특권이
자신한테 주어져 있다
배우가 어떤 연기를 펼치느냐에 따라
무대는 달라진다
무의미한 연기는 무대조차 무의미하며
감동적인 연기는 무대조차 감동적인 것이다

나를 위해 어머니가 있고
나를 위해 연인도 있으며
나를 위해 모든 사람들이 존재한다
자기를 중심으로 완벽하게 돌고 있는
세상의 주인은 바로 자신일 뿐이다
밤에 꿈을 꿀 때 꿈속에 주어지는 세상이란
온전히 자기 것일 수밖에 없다

몽롱한 잠속에서조차 세상은 나의 것인데
완전한 의식에서 만나는 세상이
철저히 자기 것임을 부인할 이유가 없는 것이다

객(客)처럼 살았던 세상의
나그네들이여
이제 당당하게 살라
무대는 이미 펼쳐져 있다
파랑새가 오지 않는다고 탓할 일은 아니다
그것은 원래 없는 것
마음속에서만 존재하는
전설의 새라는 것을 깨달아야 한다
모든 것은 내 마음속에서 낳고 죽는 것
행복을 낳으면 행복이 자라고
불행을 낳으면 불행이 자라는 것이다

세상의 중심에서
누군가를 기다린다면

그 기다림의 대상은 바로 '자신' 이어야 한다
'나' 를 이끌어줄 사람은
바로 자신이기 때문이다
'내' 가 없는 무대란 공허(空虛)한 것이다

'나' 를 만나는 날
외로운 '자신' 을 위해
한 마디의 위로와 몸소 뜨거운
커피 한 잔을 권할 수 있어야 한다

행복보다 의미 있게 살아라

인간은 누구나 행복을 추구한다
본능적으로 살고자 하는 것도 행복이다
과녁을 향해 활시위를 당길 때
행복의 무늬는 화살처럼 비상한다
인간의 행복은 각각 다른 모습으로 날아오른다
화살이 행복이란 과녁을 향해 날아가지만
어떻게 활시위를 잡아당겨 창공을
향하게 하느냐에 따라 달라지게 마련이다
행복의 무늬는
사람만큼 다양하다는 말이다
어떤 사람은 좋은 옷을 입고
맛있는 음식 먹는 것에 최고의 행복을 추구한다
또한 어떤 사람은 저택을 소유하고
그 안에 빛나는 비단을 가지고 있을 때
행복의 절정에 오른다고 생각한다
입을 닫고 침묵하며 내면의 움직임에
귀를 기울일 때
충만한 행복을 느끼는 수행자도 있다

이웃과 더불어 담소하며
삶의 무늬를 아기자기하게
가꿔나가는 사람들에게도 행복은 주어진다
따라서 행복이란 지위고하를 막론하고
누릴 수가 있다
남녀노소, 부귀영화의 유무에 관계없다
비록 천하디 천한 이라 할지라도
비릿한 삶의 뒤끝에서 행복의
살풋한 기운을 체득하게 된다
그러나 의미 있는 삶은 이와 다른 모습을 하고 있다
행복이 개인의 문제라면 의미는 사회의 문제이다
의미를 말할 때, 반드시 타인이
전제되어야 하는 까닭이 여기 있다
자기만의 문제가 아니라
이웃이나 사회, 국가와의 문제가 연결되어 있다
제아무리 돈을 많이 갖고 살아도
그 돈이 이웃이나 사회를 위해 쓰이지 않으면
의미 없는 것이다

권력이 하늘을 찌른다손쳐도 그것이
이웃들의 가슴을 누를 때 결코 의미를 말할 수가 없다
의미란 개인적으로 보면
손해나 희생에 가까운 것이다
조국광복을 위해 뤼순 감옥에서 마지막
생을 마감한 독립투사는 참으로
불행했을 것이다
그러나 그는 의미 있는 삶을 살다간
사람이라 말할 수 있다
가난한 늙은이가
구걸하는 소년의 머리맡에
가진 지폐를 모두 줘버리고 밥을 굶는다면
행복한 삶이라 할 수 없지만
의미 있는 삶을 살았다고 말할 수는 있다
행복과 의미
인간은 누구나 이 두 가지를 추구할 수 있다
그러나 세상이 힘들어질수록
의미 있는 삶을 추구할 수 있어야 한다

가치로 치면, 나는 의미 있는 삶에
비중을 두고 있다

내면을 살찌게 하라

사람들이 겉을 가꿀 줄은 알고 내면 가꿀 줄은 모른다. 겉은 금방 더러운 것을
알아차려도 내면이 더러워지는 것은 알지 못한다. 그러나 실은 내면이 오염되면
치명적이다. 겉에 묻은 때는 한 번의 씻김으로 지울 수 있지만, 내면에 묻은 때는
쉽게 씻어내기 어려운 법이다.

자신의 외모에 신경을 쓰듯 내면을 가꿀 수 있는 심미안이 있어야 한다.
어떤 가방을 들고 어떤 옷을 입었으며 어떤 차를 타고 있는가 보다
어떤 성격을 갖고 어떤 사상을 품었으며 어떤 비전을 가지고 있는지에
관심을 가져야 한다.

고장 난 차는 당장에 끌고 가서 고치려들면서 고장 난 정신은 그 공간이 위태해도

바로잡을 생각조차 못하는 사람들, 인간이란 이 시점에서
참으로 부끄러울
수밖에 없다. 백미러를 닦듯 내면을 닦을 수 있어야 한다.
얼굴의 분칠을 벗겨내고
똑똑히 자신을 응시할 필요가 있다.

인생은 자신의 내면을 어떻게 가꾸느냐에 따라
그 풍요와 피폐가 결정되는 것이다.

진리에 의지

우리가 살 수 있는 길은
진리에 의지하는 것
꺼지지 않는 불씨처럼 마지막 생명을
밝힐 수 있는 것, 바로 진리(眞理)

인간처럼 간사한 동물은 없다
한 입으로 두 말을 밥 먹듯이 하고
한 생각으로 두 손을 쉬이
뒤집어버리기 때문이다

흐르는 물은
높은 데서 낮은 데로 흘러 간다
그 물길이 바뀌지 않음이니 진리란
바로 영원히 바뀌지 않는 물길과 같다

변화에 순응하는 태도보다
진리에 의지하는 태도가 차원이 높다
물질에 의지하지 말라

이것은 반드시 없어질 것이다

세속에 탐닉하지도 말라
이것은 불현듯
너의 발목을 붙들 것이다

우리에게 절대적인 것은 진리
이것은 곧 하늘을 떠받드는 믿음이다
세상이 돌고 있다면 그 중심축에는
진리의 바퀴가 역시 돌고 있는 것이다

명상하라!

사람은 제 외모를 보기 위해
거울 앞에 선다
거울 앞에 서면 자신의 외양을
한눈에 들여다볼 수가 있다
옷매무시도 고치고 머리도 단장하고
지워진 화장도 고치는 것이다
그런데 자신의 내면을 보기 위해
어떻게 할지를 모른다
진정 자신의 내면을 들여다보려는 사람들이
얼마나 되는가?
우리는 외모를 날마다 들여다보고
가꾸는 것처럼
내면을 들여다보고 가꿀 줄도 알아야 한다
자신의 내면을 보려면
명상을 해야 한다
승려처럼 가부좌 틀고
면벽을 하라는 것이 아니라
차 한 잔을 기울이며

잠시 묵상하는 시간이 필요한 것이다
종교를 떠나 자신만을 위해
기도하는 시간이 필요하다
명상은 결코 눈을 감지 않아도 된다
눈을 감고 잠시 묵상하는 순간도
더없이 중요하지만
그럴 수 없다면 비록 거울 앞에서
자신의 눈을 들여다보는 것으로 충분하다
자기가 자신의 눈을
똑바로 응시할 수 없을 때는
반성이 필요하다
똑바로 들여다보지 못하게 막는
바로 그것을 반성해야 하는 것이다
날마다 이런 일이 반복되면
어느 날 문득 눈에서 광채가 나는 것을
알 수가 있다
그 눈을 지녀야
'나'를 정확히 투시할 수가 있다

결국 명상이란 철저한
자기감시를 통해 맑은 꽃을
가슴에서 피워 올리는 일이다
눈을 감되
깨어있는 명상을 하고
눈을 뜨되
겉모습만 보지 않는 명상을
해야 하는 것이다
현대인들에게는
더욱 명상이 필요하다

인간과 자연

자연은 환경을 살리고
인간은 환경을 죽인다
숲의 나무들이 신선한 산소를 만들어내는데
사람은 그 나무들을 베어내고
골프장을 만든다
나무를 베어버리니 쉴만한 그늘마저
사라져버린다

인간은 흙을 밟고 살아야 한다
흙을 밟아야 가슴이 따뜻하고
인간미가 넘치는 것이다
시멘트 문화는 가슴을 열리게 할 수가 없다
너무도 단단해서 따뜻한 가슴마저
딱딱하게 만든다
흙과 더불어 살면 비록
흙 위에 내쪽의 금을 긋는다 해도
단절하는 금이 아니라
절도 있는 삶을 위한 금이다

집과 집 사이의 돌담은 담벼락이 아니라
두 집 사이의 아기자기한 이야기와 같다
콘크리트 상자에 사는 쥐는
일주일만에 죽지만
흙상자에 사는 쥐는
죽는 일이 없이 활동적이란 실험결과가 있다
인간이 쥐와 다를 바가 없다
콘크리트 문화를 가까이 하면
그만큼 생명이 단축될 것이며
흙문화를 가까이 하면
충분히 오랫동안 건강한 삶을 누릴 것이다

오직 나의 것, 이기심, 권력과 명예, 부의 축적
비리와 부정, 왜곡과 사치, 경쟁과 승리, 냉정주의 등등
이것들이 아무리 발버둥쳐도 결국
자기들의 콘크리트 벽속에 갇혀 있을 뿐이다
나보다 이웃, 희생정신, 봉사와 사랑, 나눔
원칙과 소신, 정도 및 검소, 협동과 조화, 인간주의 등등

이것들이 흙담과 흙담을 넘어
자유롭게 움직일 때
세상의 생명력은 살아 숨쉬는 것이다
이제 우리가
어떻게 살아야 할지
그 대답이 분명해졌다

그리운 이야기

깊은 산속 옹달샘이
한낮에 찾아와 목을 축이는 토끼를
좋아하게 되었다네
토끼의 얼굴을 비쳐주고
토끼의 목마름을 적셔주고
한없는 입맞춤의 순간도 즐겼다네

옹달샘은 부지런히
시원한 물을 땅속에서
끌어올렸다네
그런데 어느 날부터 토끼가
찾아오지 않았다네
옹달샘은 날마다 맑은 얼굴을 하고
토끼를 기다리다가
이제 지쳐서 그리움이 되었다지

그리워 속이 타서
옹달샘이 모두 말라버렸다네
토끼는 목이 말라

마침내 그 옹달샘을 찾았다네
얼굴을 비추던 옹달샘 목을 축이던 옹달샘
달콤한 입맞춤의 추억마저 모두
달아나버린 것을 아는 순간

토끼는 옹달샘한테 주려고
물고 온 빨간 단풍잎이 슬퍼서
석 달 열흘을 그 자리에 앉아
울다가 죽었다네
토끼의 울음은 그때 모두
메말라버려서
토끼는 결코 소리 내어 우는 법이 없다네

만 남

만남이란
삶을 열어가는 소중한 의식이다
남녀의 만남에서 우연이란 없다
사랑이 지니는 가치의 차이는
근본적으로 없다고 생각한다
선남선녀의 만남이 추남추녀의 만남보다
감동적이며 신비스러울 수는 없는 일이다
사랑이 두 사람 사이에 주는 감동의 호르몬은
왕자에게나 거지에게나 차이가 없는 법이다

비록 이성간의 만남이 아니라도
마찬가지다
어떤 성격의 만남이라 하더라도
우열이 있을 수 없다
사회적 지위가 다르다 해서
그 둘의 만남마저
가치의 우열이 있을 수는 없다
왜냐하면 만남을 통해 누구나

그 상대로부터 무엇인가 배울 수 있기 때문이다

사업적으로 접근한 만남이라면
더더욱 그 경중(輕重)을 따져서는 안 된다
아무리 사업을 표면에 내세운 만남이지만 어디까지나
인간끼리의 만남이요
인간 사이의 거래인 것이다
만남은 소중한 것이다
모든 일들이 만남으로 비롯되며
변화의 기회 또한 만남에서 주어진다
엄밀히 말할 때 '삶' 이라는 것은
만남의 연속적인 과정이다

두 팔을 벌려 손을 잡고도

두 팔을 벌려 손을 맞잡고도
외로운 사람이 있다
고독이란 가슴 저 켠에 자리 잡고 있는
휑한 바람 같은 것
바람을 손으로 움켜잡을 수는 없는 일이다

물을 삼키듯 바람의 넋을
삼켜버리면 마주잡은 손이
외롭지 않을까
고독이란 완전히
밀쳐내서는 안 되는 것이다

인생의 황혼을 맞는 일이
고독을 맞는 일이다
옆구리를 스치고 가는 바람에 맞서
지난 시절을 떠올릴 수 있다면
그래도 행복한 것이다

고독은 긴장을 늦추지 않는
끈과 같다
그대에게 두른 팔짱을 거두고
잠시 그윽한 눈으로
먼 산을 바라보아도 좋은 것이다

두 팔을 벌려
손을 잡고도
문득 문득 마른 바람이
가슴을 스칠 수
있어야 한다

내 몸을 태워서라도

사랑은 잠든 나를
깨우는 의식이다
내가 이토록 님을 생각한 적도 있었구나
사랑이란 진정 님보다
나를 발견하는 과정이다

하루해가 님을 향한 기다림보다
짧다는 것을 알고 있다
하루 종일 긴 그림자로
님을 기다리다가 오늘 여기서
그리움이 되었노라

하루 종일 님만 기다리다
가슴만 타버리는 허수아비처럼
휑한 들판에서
바람을 맞는다

사랑은 님을 위해

나를 태울 준비가 필요하다
나를 태워 님의 몸속에
들어갈 수 있다면
촛농처럼 흘러 바위가 될지라도

타오르는 불을
멈추지는 않으리라
사랑은 님을 위해
내가 죽어야
완성되기 때문이다

불립문자(不立文字)

사람이 사람을 알고
마음과 마음이 통하는 데는
굳이 어려운 절차가 필요 없다

서로 통하는 사람은 이심전심(以心傳心)
눈빛만으로도 그 속뜻을 알 수가 있으니
정신이 맑아서 꾸밈이 없다

글을 배우지 않아도
오묘한 이치를 깨닫는 것은
뜻이 글자에 앞선다는 의미

마음심(心) 자(字)를 써놓고
하루 종일 들여다본들 진정
마음이란 들여다볼 수 없는 법이다

단순하게 살아라
그저 묵묵히 이치대로 살아라

세상의 열기가 아무리 뜨거워도
태양을 태울 수는 없다

어떤 이론이나 가치
뛰어난 과학적 현상이라 하더라도
반드시 진리 아래에 있다

인간이 만들어 놓은
그 어떤 것도
진리를 넘어설 수는 없다

꽃 잎

인간은 물질에 대한 소유욕이
너무 강한 존재이다
하나라도 남보다 더 가져야
직성이 풀리고
조금이라도 크고 조금이라도 넓은 것을
소유하려고 한다
마음을 물질에 빼앗기면
내면의 향기는 멀어지게 된다
크고 넓은 것에 마음이 침몰할 때
정신의 공간은 닫혀버리는 것이다
물밑으로 가라앉는
위기의 순간에
욕심을 하나씩 덜어내 보라
정신의 공간이 서서히
열리기 시작할 것이다
욕심이란 점점 자라나면
결국 영혼의 호흡을
멈추게 한다

마음껏 비워낼 수 있을 때
닫혔던 입속에서
생명의 꽃잎이 피어나는 것이다

차라리 돌이 되어라

사랑한다는 말이 두려우면
차라리 벙어리가 되어라

마음속에서 끓어오르지 않는 말은
차라리 가슴 안에서 잠재워버려라

이별이 무서워서 손을 내밀지 못하면
차라리 돌이 되어 천년을 기다려라

땅속에서 그대를 위해 꽃 피워 올릴 수 없다면
차라리 부서져서 흙이 되어 버려라

사랑한다는 말을 망설이지 않을 때
마침내 그 한 마디의 위대함을 깨닫게 된다

이별이란 천년을 기다려 피워 올린
꽃잎 위에 흐르는 한 방울의 눈물이다

사랑한다 사랑한다
가만히 속삭여보라

천년을 기다린 이별 앞에
눈물로 꽃을 피울 수가 있다

그대 사랑한다 말할 수 없다면
차라리 돌이 되라!

달빛보다

흐르는 물을 따라
시간이 흘러가고

그 물결 따라
내 마음도 흘러가더라

고요한 마음의 정수리에
눈부신 달빛이 내려앉는데

그 옛날 젊은 시절
달빛보다 눈부신 시절들

달빛 따라 곱게곱게
흘러가더라

흐르는 세월이
달빛에 걸려 있다

달빛보다 밝은 세상을 열어야
길이 흔들리지 않는다

길이 흔들리지 않을 때
물도 흐르고 시간도 흐르는 것이다

오늘
내 마음마저 흐를 수 있다면…

입처개진(立處皆眞)

삶의 길이란
깨달음의 길목에서 방황하며 헤매이다
날이 저무는 언덕에 서서 눈물짓는 과정이다

인생은 다만 이렇게 살 일이다
나의 지난 삶이 옳고 바르지 못했다면
발밑을 살필 일이다
사람이 남을 탓하기 시작하면
눈이 멀어 자신의 발밑을 볼 수가 없다

있는 곳마다 자신이 주인이 되어야 한다
남을 중심에 두면 안 된다
자신을 중심에 두어야
당연히 자신의 발밑부터 살필 수가 있다

인간은 무엇을 하며 사느냐가
중요하지 않다
무슨 일을 하든 내가 지금 하는 일이

바로 내 일이기 때문이다

입처개진(立處皆眞)!
내가 서 있는 데가 곧 행복이다
날이 저무는 언덕에 서서
눈물지을 수 있다면 그 또한 행복이다

우리는 모두 수행의 길을 걷고 있다
삶의 길 위에서 수행자가 따로 있을 수는 없다
꽃을 피워 올리는 일은
인간 모두의 소망이기 때문이다

인간의 몫

보이지 않는 것들이
세상을 지배하고 있다
가령, 제도나 규칙은
인간의 필요에 의해 만들어졌지만
인간은 그것에 지배당한다

어떤 이데올로기는
눈에 보이지 않지만
인간은 그것에서 벗어날 수가 없다
도덕이나 윤리, 이성(理性)에 있어서도
마찬가지다

실물(實物)도 없는 것들이
거대한 인간사회를
지배하는 것을 보면서
문득 허탈감에 빠지게 된다

보이는 것들은

유한(有限)할 수밖에 없다
보이지 않는 것에 대한
믿음을 견고히 다질 수 있어야 한다

보이지 않는 세계를
만들어내는 일도
결국 유한(有限)한
인간의 몫이다

그러므로 보이지 않는 세계를
완성하기 위해 인간은
모든 노력을 기울여야 한다

우물 속 달 [井中月]

맑은 우물 속에
휘영청 달이 밝는다
산 속 스님의 물동이 속에
반 조각 달이 반짝이니
애닯아라 둥근달을
반 조각만 담아가리라

산 속 스님의 욕심이
가슴 속에 부풀어 올라
물 길러 다시 왔다가
한 항아리 가득 담는다
둥근달 항아리 위로 부풀어 올라
어지럽게 출렁거리는데

절에 가면 그제야 알게라
항아리 물 쏟고 나면
달도 따라 없어지는 것을

백운 이규보의 우물 속 달[井中月]처럼
인간은 누구나 찬란한 시절을
마음속에 품고 산다
가득 가득 눌러 담은 물처럼
부질없는 욕심들로 항아리 속에
나를 가둬버린다

물 항아리 쏟고 나면 부서진 달의
파편들이 제 가슴에 박혀
아픔이 되어 오는데(이것이 삶의 참모습인데)

정작 우물 앞에 서면
항아리 가득
달부터 건져 올리는 것이다
(인간은 누구나 가슴 어딘가에
우물 속의 달 하나쯤 품고 산다)

허공에 걸린 삶

큰 산을 넘을 때는
바람도 쉬어간다는 말이 있다
사람이 큰 산을 넘으려면
먼저 자신을 넘어야 한다

거짓이 판치는 세상을 보면서
남을 속이는 일이 진정
나를 속이는 것임을 깨닫게 된다

큰 산을 넘어야
다른 세상을 만날 수 있다
큰 산은 반드시 자신이 넘어야 한다
남이 자신을 업고 넘는다면
이것은 거짓의 굴레이다

소는 가려운 등을 긁기 위해
언덕이 필요하다
깊은 우물에 끈 짧은 두레박은

소용이 없는 법이다

끈과 언덕은
세상을 지탱하는 근본
그 근본을 스스로 만들지 못할 때
허공에 떠 있는 말뚝과 같다

거짓이란 바로
허공에 걸린 삶이다
무너질 때는 흔적조차 없이
사라져버리는 것이다

만남 · 2

인간은 결코 혼자서는
존재할 수가 없다
저 혼자 쑤욱 하고
태어난 것도 아니잖은가
부모와의 관계를 통해
어머니 뱃속에서 그 신비의
생명력을 부여 받는다

생명은 모태에서도
어머니와 무수히 영혼의 대화를 하면서
영적인 만남을 갖게 된다
그러나 실체적인 만남은
영혼의 만남이 무르익어
노랗게 배[服]가 익었을 때
몸 밖으로 빠져나오면서 이루어진다
세상과의 첫 대면이요
가족과의 첫 대면인 것이다

이후 성장하면서 인간은
무수히 다양한 만남을 하게 된다
이웃과의 만남, 교우와의 만남, 이성과의 만남
은사와의 만남, 사회와의 만남이나
이보다 더 큰 제도나
세계와의 만남을 가지게도 된다

그러나 진정한 만남이란
무엇보다 자신과의 만남이다
'나' 를 의식하기 시작하면서
진정한 '만남' 이 시작되는 것이다
'나' 를 이해하고 '나' 를 바라보며
'나' 에게 명령한다
'내' 가 관계한 그 어떤 것보다
복잡한 관계가 '자신' 과의 관계이다

우리는 자신과의 관계를
원만하게 유지해야 한다

나를 받아들이지 않을 때
불평의 싹이 자라나서
내 앞길을 막아선다
이해하고 받아들여야 한다
포용하고 감싸주어야 한다
대화하고 실천에 옮겨라
인생 최고의 만남은
바로 이것이다

편지를 쓰고 싶다

나는 정약용을 존경한다
그의 근검정신을 흠모한다
부처의 자비보다 따사로운
부정(父情)이 내면에 담겨 있어서
더욱 그를 따르고 있다

정약용은 먼저 근(勤)을
강조하고 있다
아침의 일을 저녁으로 미루지 말 것
밝은 날에 해야 하는 일을 비 오는 날까지
끌지 말 것
비 오는 날 해야 하는 일도
맑은 날까지 끌지 말 것

늙은이는 앉아서 감독하고
병 든 사람은 집을 지키고
부인들은 새벽 세 시까지 길쌈을 하라
놀고먹는 사람이 있어서는 안 된다

이것이 다산의 부지런함[勤]에 관한 생각이다

두 번째로 강조하는 것은 검(儉)이다
검소한 것은 사치하지 않는 것과
남을 속이지 않음을 의미한다
하늘을 속이는 것은 제일 나쁜 일이며
임금이나 어버이를 속이는 것이 다음이며
농부가 이웃을 속이고 상인이 동업자를
속이는 행위는 비열한 죄에 속한다

흙덩이를 잘게 부숴라
땅을 평평하게 고르라
나무는 깊게 심어라
씨는 고르게 파종하라

다산 정약용은 자식들에게
이런 내용의 편지를 썼지만
나는 내 자신을 향해

이 밤이 새도록

이런 편지를 쓰고 싶다

영혼이 맑으면

몸만 건강하면 된다는 사람들이 많다
물론 건강이 무엇보다 중요하다

육체가 건강해야 숨도 제대로 쉬고
걸을 수 있으며 땀 흘려 일할 수도 있다

그러나 정신이 건강하지 못하면
황폐할 수밖에 없다

몸뚱이에 돋아난 가시를 다스리는 길은
자신의 의지뿐이다

영혼이 맑으면 비록 몸이 비틀거린다 해도
가시밭길에 떨어지는 일은 없다

오직 몸만 건강하면 정신이 그 기세에 눌려
돋아나는 가시를 막을 수가 없다

또한 영혼만이 맑아서 그 향기를 피워 올린다 해도
오래 지속할 수가 없다

끝내 쓰러지고 나면
향기도 자취를 잃어버리는 것이다

몸도 건강하고 그 정신도 건강해야 한다
건강한 몸에서 맑은 정신이 싹트는 것이다

거울 이야기

거울이란 얼굴을 비취는 것이다
군자는 모름지기 거울을 볼 때
그 맑은 기운을 취해야 한다

못생긴 사람이
거울을 들여다보고 그 거울을
깨뜨려버린다면

거울의 본성을 망각하고 마는 것이다
먼지가 끼어서 거울이 흐리다고 한들
그 맑은 본성까지 흐리게 하지는 못한다

거울처럼 어떤 것이든지
깊은 눈으로 들여다보지 않으면
안 된다

외관적으로 드러나는 세계에
머물게 되면 그 너머에 존재하는

실제의 모습을 결코 들여다 볼 수 없다

거울을 보되 비록 먼지가 끼었더라도
그 너머의 세계를 투시해야 한다
모름지기 군자는 그러해야 한다

한 생각을 바꾸니

우리는 이별을 받아들여야 한다
인연이 생겨서 만나고 인연이 다하면 헤어지게 된다
인연이 다한 것은 자연스런 이치인데
이것을 모르고 집착하는 것이
슬픔이요 눈물이다

오는 사람의 길도 모르고
가는 사람의 길은 더욱 모른다
오는 이에게 물은즉 대답 없으며
가는 이에게는 더욱 물을 순간조차 없다

인간은 삶과 죽음의 양극단에 서 있다
그런데 삶과 죽음의 실상을
보지 못하기 때문에
미망에 붙들려 울고 우는 것이다

숫타니파타에서는 '번뇌의 화살을 뽑고
평안에 돌아간 자가 되어라' 고 말하고 있다

근심에 사로잡히는 어리석음을
벗어나야 한다는 말이다

서러워할 일이 있는가?
서러워 마시게
한 생각 바꾸면 내 머무는 데가
바로 천국이라네!

산이 기울면

세월이 흐르더라
흐르는 물처럼 흘러서
그 아무도 잡을 수가 없다

노을이 붉게 퍼지니
하루의 해도 그리운 듯
그림자를 길게 잡아당긴다

꽃이 붉은 것이
어찌 꽃의 탓이랴
해 저문 노을의 취기를 멈출 수가 없다

물이 흐르는 것을
세월이
막아서지 못하듯

산이 기울면
해도 기울어서 세월을

거침없이 지나가버리게 한다

세월이 가는 것은
물이
흐르기 때문만은 아니다

붉은 노을 위에
끌리는 그림자가
너무 서럽기 때문이다

집착하지 말라

사랑이나 미움이나 모두
집착에서 비롯된다
본체는 사랑인데 변형된 모습으로
나타나는 것이 미움이다

미움과 사랑은
함께 있으면서 순간순간 돌변한다
손바닥과 손등이 한몸에 붙어서
엎치락뒤치락 하는 것과 같다

따라서 마음을 제대로 써야 한다
사랑도 정도가 넘어서면 미움이요
미움이란 것도 정도가 넘어서면
어느 순간 사랑으로 변하게 된다

누군가 나를 지나치게
미워한다면
거기에는 은밀한

사랑이 내재되어 있다

사랑이란
상대에게 부담을 주어서는 아니된다
그것은 결코 진정한 사랑이 아니다
사랑을 가장한 지나친 소유욕인 것이다

마음의 울타리

현대인들은 스스로가
마음을 꼭꼭 닫고 산다
그래서 더욱 답답하고
외로운 존재가 된다
누군가 마음을 여는 데도
받아들일 생각을 하지 않는다
삶의 원리를 맹목적인 경쟁에 두고 산다
경쟁에서 이겨야만 살아갈 수
있는 것으로 착각하며 살고 있다

경쟁은 믿음의
부재(不在)에서 생긴다
신뢰하지 못하기 때문에
울타리를 치게 되고
울타리를 밟고 들어가니
도덕과 윤리의 경계가
허물어지는 것이다

마음을 열어야
견고한 담장을 허물 수가 있다
울타리를 차지하기 위해
무한경쟁을 하기보다
상호협력으로
울타리를 제거해야 한다

마르쿠제의 말처럼
풍요로운 세상에 사는 우리가
풍요로운 물질에 구속되어 사는 자체로써
자유를 억압받는 것이다
우리에게 울타리가 필요하다면
그것은 당연히 내면의 뜨락을
가꾸어 나갈 수 있는
울타리가 되어야 한다

세상의 중심에서

우리는 언제나
위험에 노출되어 있다
우리가 살아가는 세상은
결코 순탄한 것이 아니다

무엇보다 우리는
경쟁해야 한다
세상을 살다 보면
어리석은 일에 휩쓸릴 때도 있다
죄를 지을 수도 있다
심지어 사람을 죽일 수도 있다

우리의 하루가 무사한 것은
자신을 지켜주는
강력한 힘이 존재하기 때문이다
우리가 집을 나설 때
걸음마 떼는 아이를 지켜보듯
지켜보는 시선, 바로 나의 마음이다

오늘 하루 무사하거든
자신을 위해 머리 숙여야 한다

세상의 중심에서
오직 자기를 과신(過信)하는 태도는
위험하기 짝이 없다
자기 삶의 노정(路程)에서
순조로운 것만을
생각하지 말아야 한다

이것이 삶에 대한 겸허함이다

도(道)와 덕(德)

도(道)는 덕(德)에 의지하여 나타난다
덕으로 표현되지 않는 도는
자신만 아는 도다
덕으로 나타나지 않는 도를
너도 나도 입으로 주장하는 세상은
바로 혼돈의 세상일 뿐이다

덕은 자신이
힘들게 얻은 것을
어려운 이웃에게 나누어줌으로써
실현된다
이것이 바로 베풂의 정신이다

올바른 길이란
큰 목소리에 있는 것이 아니다
낮은 데서 묵묵히
베푸는 삶이야말로
진정한 길이라 할 수 있다

도는 덕을 의지하고
덕은 도를 이정표 삼아
펼쳐지는 것이다

입으로만 주장하는 세상은
비록 도를 추구할지라도
올바른 길이 아니다
도와 덕을 말하려거든
시시때때로 나누고
베풀어야 한다

방선부(放蟬賦)

– 한문 산문 가운데서

거미의 교활함은 둥근 뱃속에 들어 있다
탐욕의 실타래가 끊임없이 흘러나온다
자기 배부르기만을 구하므로
먹어도 먹어도 볼록할 뿐
완전히 채울 수는 없다
매미의 창자는 맑은 이슬로 채워진다
매미에게 구할 수 있는 것은
다만 깨끗한 자질(資質)뿐
탐욕의 거미가 청결한 매미를 위협하는 것을
나는 그냥 지나칠 수가 없다
나비는 향기를 탐내어 미친 듯
날갯짓을 멈추지 않지만
매미는 남의 것을 탐하지 않고
남과 더불어 다투는 일이 없다
그러므로, 거미줄에 매달린 매미를 떼어내어
나는 공중에 날려 보내리라

"매미야, 높은 숲을 찾아

아름다운 그늘의 깨끗한 곳을 가려서
자주 옮기지 말지라
거미들이 너를 엿보고 있다."

"한 곳에만 오래 머물지도 말라
버마재비가 뒤에서 노리고 있다
항상 행동함에 거취를 조심한 다음이라야
허물없이 지낼 수 있다."

사람들은 당장 눈앞에 보이는 이익에만
눈이 어두워져 있다
매미는 버마재비가
노려보는 것을 모르고
버마재비는 새가
자신을 엿보고 있다는 것을
모르는 것처럼…

그물에 걸리지 않는 바람처럼

내가 쌓은 업은
선업(善業)이든 악업(惡業)이든
그림자처럼 나를 따라 다닌다
내가 잠든 때에도 그림자는 존재하며
나와 친분을 과시한다

영원히 떼어놓을 수 없는
내 자취의 흔적이요
과거와 현재의 모습이기 때문이다
그림자를 살피는 일이야말로
자신을 성찰하는 길이다

나를 투명하게 걸러내는 일
찌든 때를 닦아내고
나쁜 습관을 세척하는 행위
이것이 바로
궁극적인 행복에 이르는 길이다

그물에 걸리지 않는 바람처럼
세속에 얽매이지 않고
단순하게 사는 일이 또한
자유롭게 사는 길이다
'나의 길' 을 위해 묵묵히
무소의 뿔처럼 혼자서 걸어가라

천성래 시집

저 불꽃처럼 살고 싶은 사람들은

1판 1쇄 인쇄 2009년 01월 17일
1판 1쇄 발행 2009년 01월 23일

지은이_천성래
펴낸이_김용성
펴낸곳_갑을패
주소_서울시 동대문구 이문 2동 346-41 영일빌딩 2층(130-831)
전화_02-962-9154 | 팩스_02-962-9156
홈페이지_http//www.LnBpress.com | 전자우편_lawnbook@hanmail.net
출판등록_2003년 8월 19일

ISBN 978-89-91622-22-7 03810

책값은 뒤표지에 있습니다.